Philippe Matter

Mini-Loup adore l'hiver !

hachette JEUNESSE

Mini-Loup et sa bande

Mini-Loup

Le plus attachant
des petits loups.
Un peu gaffeur mais toujours
prêt pour de nouvelles aventures !

Moussa

Voici le plus fidèle
des éléphants, Moussa.
Plein d'astuce et courageux,
c'est un des meilleurs
copains de Mini-Loup.

Anicet

Un petit cochon, ami de Mini-Loup.

S'ils se disputent souvent, ils ne restent pas fâchés très longtemps.

Mini-Pic

Un petit hérisson qui complète la bande d'amis.

Toujours là pour jouer au foot, aux billes ou construire une cabane...

Louna

l'amoureuse de Mini-Loup...

Qu'est-ce qu'elle est jolie et sympa... Pour Mini-Loup, c'est sûr, Louna et lui se marieront plus tard et auront des tas d'enfants...

Les cinq histoires de ce livre sont adaptées
des BD parues dans le magazine Winnie.
Couleurs : Isabelle Lebeau.

Avec la collaboration de Philippe Munch

Hachette Livre, 58, rue Jean-Bleuzen, 92178 Vanves Cedex.

Le bonhomme de neige

Il faisait vraiment froid ce matin-là, mais je n'avais aucune envie de rester à la maison.

Il avait neigé toute la nuit et j'étais rudement pressé de rejoindre les copains pour en profiter.

Je me suis d'abord rendu chez Mini-Pic, mais sa maman m'a expliqué qu'il était malade et qu'il devait rester au lit. C'est bête quand ça arrive un mercredi !

Ensuite, je suis passé chez Anicet. Il n'était pas en meilleur état que Mini-Pic...

Ce n'était pas surprenant, vu qu'ils avaient passé la veille ensemble à faire les andouilles dans le froid.

Tout ça n'arrangeait pas mes affaires !

Mais je ne me suis pas découragé : il devait bien rester un ou deux copains en bonne santé !

Alors je me suis dirigé vers la clairière. On y va souvent les jours où le terrain de foot est couvert de neige.

J'ai entendu les copains bien avant de les voir. Ça m'étonne toujours qu'ils arrivent à faire autant de bruit sans moi !

Il y avait Doudou et deux autres petits. Ils avaient fait un gros bonhomme de neige, avec une carotte à la place du nez.

À la maternelle, j'aimais bien ça. Mais maintenant, ça ne me disait plus rien.

L'ennui, c'est que Doudou n'était pas emballé par mon idée. Il a dit qu'avec moi, les batailles ça finissait toujours en bagarre !

Je l'ai traité de poule mouillée, même si ce n'était pas la peine de discuter avec lui. Il est presque aussi têtu que moi...

Et comme je ne tenais pas à passer ma journée à faire des pâtés dans la neige, j'ai préféré m'en aller.

J'avais à peine fait trois pas que Doudou me rappelait pour me dire qu'en fin de compte, c'était pas mal les boules de neige...

Moi, comme un idiot, je me suis retourné sans me méfier... Et paf !

Ça m'aurait fait rigoler si je n'avais pas buté sur un rocher et si je n'étais pas tombé à la renverse.

Quand la dégringolade a été finie, j'étais enfoncé dans la neige jusqu'au cou et je voyais des étoiles...

C'est là que Doudou et les petits en ont profité pour finir leur bonhomme...

Je leur avais pourtant dit que ça ne m'amusait pas !

La doudoune

Ma nouvelle doudoune, elle est géniale ! Même que Moussa, qui a toujours froid, aimerait bien en avoir une pareille.

C'est ma mamie qui me l'a offerte à Noël, alors j'y tiens drôlement.

Le problème, c'est que les autres ne sont vraiment pas soigneux !

En général, ça ne me dérange pas trop. Mais là, pour ma première sortie avec la doudoune, je tenais à rester prudent.

Je ne pouvais pas deviner que Doudou était juste dans mon dos... Le lâche !

Alors j'ai prévenu tout le monde : si ça continuait comme ça, je préférais encore rentrer chez moi.

Non mais !

J'étais vraiment en colère, et j'allais partir pour de bon quand Moussa a proposé d'aller voir les filles.

C'était pas une mauvaise idée. D'abord parce que les filles c'est soigneux, ensuite, parce que les filles c'est Muche et surtout Louna... mon amoureuse !

— Elles sont allées faire de la luge près du ruisseau gelé, a dit Mini-Pic. Je les ai croisées tout à l'heure...

Comme tout le monde était d'accord, on est partis les rejoindre.

Les autres faisaient les andouilles et moi, je faisais attention à ne pas me salir.

Quand on est arrivés là-bas, Muche a tout de suite tenu à nous montrer ce qu'elle savait faire.

On a dû admettre qu'elle ne se débrouillait pas mal : descente à fond, culbute et vol plané en final. Presque aussi bien qu'un garçon !

Les copains ont tous voulu essayer mais moi pas. Leur descente de la mort, c'était encore un coup à déchirer mes habits !

Ils ont eu beau insister et me traiter de dégonflé, je suis resté intraitable.

Et je suis allé me mettre à bonne distance...

De l'endroit où je m'étais réfugié, je les voyais s'agiter. Ça rigolait bien autour de la luge et ça se bousculait à qui mieux mieux.

Ma doudoune et moi, on était bien contents d'être restés à l'écart !

Comme il est un tout petit peu grassouillet, Anicet a eu un mal fou à se caser dans la luge de Muche.

Il faut reconnaître que Moussa ne lui avait pas laissé beaucoup de place...

Il ne fallait pas être bien malin pour deviner qu'avec ces deux pilotes, la descente allait virer à la catastrophe.

Ensuite, tout est allé très vite. J'ai entendu le bruit de la luge, des cris et des rires. Puis quelqu'un m'a appelé...

Ce sont les copains qui m'ont raconté la suite.

J'imagine que ça leur a fait tout drôle quand ils ont réalisé que j'étais tombé dans la rivière !

Je ne sais pas comment je suis rentré à la maison mais, quand je me suis réveillé, Maman-Loup ne m'a pas grondé. Il paraît que Mini-Pic lui avait expliqué que ce n'était pas de ma faute.

En tout cas, la doudoune n'avait pas trop souffert. Je crois même qu'elle a été sèche avant moi...

Le sapin de Noël

Décembre, c'est un de mes douze mois préférés ! On fait des glissades, on s'amuse dans la neige et on finit par des vacances...

En plus, il y a les fêtes avec des tas de bonnes choses à manger et plein de cadeaux.

Ce jour-là, papa et maman avaient décidé d'aller en ville avec Dilou.

Moi, je préférai rester à la maison avec les copains.

Une fois les parents partis, on est rentrés pour se réchauffer un peu. C'est là qu'Anicet a vu le sapin.

Ça lui a tout de suite donné une super idée. Une occupation utile comme les parents les aiment : décorer l'arbre de Noël !

Comme Moussa est très costaud, on n'a pas eu trop de mal à porter le sapin dans le salon.

Tout allait bien jusqu'au moment où les copains ont accroché le vase du salon avec une branche...

Quand j'ai découvert les dégâts, je me suis fâché tout rouge. C'est vrai quoi, on n'a pas idée d'être maladroit à ce point !

J'étais tellement énervé que je n'ai pas fait attention à la guirlande qui traînait par terre...

Les trois cornichons, ça les a bien fait rire que je me casse la figure avec les décorations du sapin. Comme si c'était drôle !

J'étais rudement vexé et encore plus en colère après ce coup-là...

Je leur ai dit que c'était de leur faute. S'ils ne m'avaient pas énervé, je ne serais jamais tombé et les boules n'auraient pas été cassées.

Moussa m'a répondu que j'étais bien assez grand pour tomber tout seul.

Ensuite, les autres ont voulu ajouter leur grain de sel alors qu'on ne leur avait rien demandé.

À la fin, on était tous en train de crier et de se donner des baffes. C'était vraiment une chouette bagarre.

On s'est arrêtés quand on a entendu la voix de Maman-Loup et on a juste eu le temps de remettre un peu d'ordre dans le salon...

Le plus bête dans cette histoire, c'est que papa et maman ne nous ont même pas remerciés quand ils ont découvert le sapin.

Sûrement à cause du vase... Les grands ne sont jamais contents !

Mini-Loup est malade

L'hiver, c'est une saison où on tombe malade pour un rien. Il y a plein de microbes qui traînent et, si vous ne faites pas attention, vous vous retrouvez cloué au lit sans avoir eu le temps de dire « Ouf » !

Mais moi, ça ne me dérange pas trop de rester au lit. Surtout quand il y a un contrôle à l'école. Et ce jour-là, justement, il y en avait un !

Alors, quand maman est venue me réveiller et qu'elle m'a trouvé pâlichon, ça ne pouvait pas mieux tomber.

En fait, c'était exactement ce que j'espérais ! J'avais un plan pour échapper à l'école : il suffisait de faire le malade...

À voir la mine inquiète de maman, je devais rudement bien jouer la comédie !

J'ai fait attention à garder une mine toute chiffonnée jusqu'à ce qu'elle soit sortie de la chambre.

Puis c'est papa qui est venu me voir. Je lui ai fait le même genre de numéro qu'à maman et il a aussi eu l'air d'y croire.

On est passé aux choses sérieuses quand il s'est agi de prendre ma température. C'est là qu'il a fallu ruser pour de bon !

J'ai dû attendre que papa et maman partent s'occuper de Dilou pour passer à la suite de mon plan.

Dès que j'ai été seul, je me suis attaqué à l'opération la plus délicate : le chauffage du thermomètre !

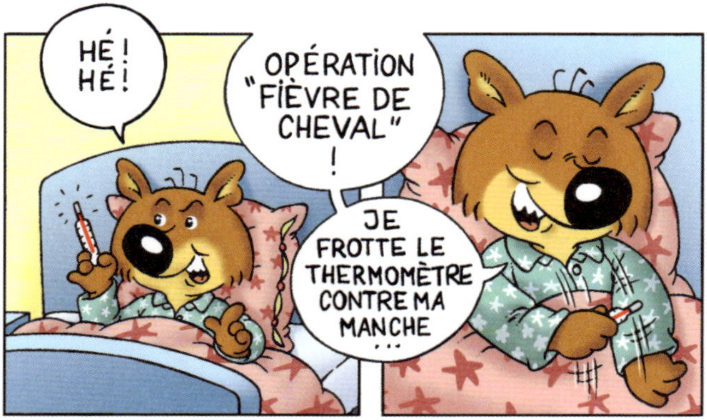

Quand ils sont revenus, j'avais déjà repris ma tête de petit loup mal en point. J'ai même poussé quelques râles pour fignoler le tableau...

Pour maman, pas de doute, j'étais gravement malade et il ne fallait surtout pas prendre le risque de m'envoyer à l'école !

Papa semblait un peu moins convaincu. Mais en attendant, j'avais gagné.

C'est ensuite que les choses se sont gâtées.

J'ai été obligé de rester au lit toute la journée, sans avoir le droit de rien faire. J'avais besoin de repos, paraît-il !

Qu'est-ce que j'ai pu m'ennuyer...

Mais le pire, c'est ce qu'il a fallu avaler. J'ai dû boire des tas de sirops dégoûtants et on m'a même forcé à manger de la soupe aux légumes !

À la fin de la journée, plus besoin de faire semblant, je me sentais mal pour de bon.

Le lendemain, il a bien fallu retourner à l'école. Le plus incroyable, c'est que ça m'a presque soulagé...

En entrant dans la salle de classe, les copains m'ont tous félicité pour mon idée de maladie imaginaire.

La moitié de la bande avait fait comme moi pour échapper à l'interrogation écrite ! Et eux, ils s'étaient bien amusés.

Anicet avait même eu droit à un régime spécial grand malade. À base de télé et de pâtisseries.

On a nettement moins rigolé quand Mademoiselle Biglu nous a annoncé que le devoir de la veille n'avait pas encore eu lieu...

Le déguisement

Février, en général, c'est pas le mois le plus terrible.

Il fait encore rudement frisquet, même s'il n'y a plus de neige. Et quand il ne fait pas froid, il pleut...

Heureusement, en février il y a le carnaval !

Et cette année, j'allais gagner le concours de déguisement de carnaval !

J'en étais sûr puisque maman m'avait fait le plus beau costume du monde...

C'était un truc tout bleu, avec un slip rouge, des bottes, une cape et un masque. Super chic, quoi !

Quand les copains sont venus me chercher, il fallait voir leur têtes.

Leurs habits n'étaient pas mal non plus (surtout le tutu rose de Moussa), mais ils ont tout de même été soufflés quand ils m'ont découvert en superhéros...

Ils ont bien sûr essayé de le tripoter avec leurs mains toutes sales ! Mais je leur ai expliqué que le tissu était drôlement fragile, que ma maman avait passé des heures sur sa machine à coudre et que je collerai une baffe au premier qui essayerait d'approcher.

Ensuite, on est partis au village pour aller gagner le concours. Même qu'on a dû faire très attention parce que le sentier était boueux.

J'avais réussi à limiter les dégâts jusqu'au moment où on est arrivés sous l'arbre. Un arbre avec un corbeau...

C'était bien ma veine ! Il fallait que je passe par là, juste à ce moment...

Les choses ne se sont pas vraiment arrangées quand Anicet a voulu essuyer la grosse traînée de caca avec son mouchoir.

Comme je commençais à perdre le moral, Doudou a essayé de me rassurer.

Mais, sale comme j'étais, je voyais bien que ça allait être difficile de gagner !

C'est après ça que les copains ont tout fait pour me semer ! C'était vraiment pas sympa...

Ils se sont mis à courir à toute vitesse et j'avais beau faire, je n'arrivais pas à les rattraper tellement j'y voyais mal avec mon masque.

J'ai bien sûr fini par me prendre les pieds dans la cape et j'ai fait un vol plané, modèle Superman...

Splartch ! En plein dans une grosse flaque de boue.

J'étais si dégoûtant que même les copains ont fait une drôle de tête quand je suis arrivé au village.

J'étais tellement triste d'avoir abîmé mon beau costume que je ne voulais même plus participer au concours.

Mais les copains ont réussi à me redonner confiance. Ce n'étaient pas quelques taches qui allaient gâcher mon triomphe !

Vous ne me croirez peut-être pas, mais c'est moi qui ai gagné !

J'ai juste eu un peu de mal à expliquer en quoi je m'étais déguisé...

JE DÉTESTE L'HIVER!

LES AS-TU TOUS LUS ?

Mini-Loup et sa petite sœur

Le nouveau copain de Mini-Loup

Mini-Loup fait des cauchemars

Mini-Loup fait du cinéma

Mini-Loup veut devenir grand

Mini-Loup et les petits loups filous

Mini-Loup et le trésor

Mini-Loup et les filles

Mini-Loup adore l'été !

Mini-Loup fait la fête !

Mini-Loup en Afrique

Mini-Loup premier de la classe

Mini-Loup roi de la glisse

Mini-Loup et son amoureuse

Mini-Loup et le fantôme

Mini-Loup va jouer dehors

Mini-Loup au tableau !

Mini-Loup mène l'enquête

Table

« Pour l'éditeur, le principe est d'utiliser des papiers composés de fibres naturelles, renouvelables, recyclables et fabriquées à partir de bois issus de forêts qui adoptent un système d'aménagement durable. En outre, l'éditeur attend de ses fournisseurs de papier qu'ils s'inscrivent dans une démarche de certification environnementale reconnue. »

Imprimé en Roumanie par Rotolito Romania
Dépôt légal : janvier 2005
Achevé d'imprimer : novembre 2020
20.24.0969.4/11 - ISBN : 978-2-01-200969-1
Loi n° 49-956 du 16 juillet 1949
sur les publications destinées à la jeunesse